ABROGATION DE LA LOI DE 1816

LIBRE CIRCULATION

DES

VINS, CIDRES, POIRÉS

BIÈRES, ALCOOLS

SUR LE TERRITOIRE FRANÇAIS

SUPPRESSION DE L'EXERCICE DE LA RÉGIE

PAR

B.-F. LE ROUX

NÉGOCIANT EN VINS ET SPIRITUEUX

A Lingèvres (Calvados)

CAEN

IMPRIMERIE LE BLANC-HARDEL

HENRI DELESQUES, SUCCESSEUR

RUE FROIDE, 2

1886

ABROGATION DE LA LOI DE 1816

LIBRE CIRCULATION

DES

VINS, CIDRES, POIRÉS

BIÈRES, ALCOOLS

SUR LE TERRITOIRE FRANÇAIS

SUPPRESSION DE L'EXERCICE DE LA RÉGIE

PAR

B.-F. LE ROUX

NÉGOCIANT EN VINS ET SPIRITUEUX

A Lingèvres (Calvados)

CAEN

IMPRIMERIE LE BLANC-HARDEL

HENRI DELESQUES, SUCCESSEUR

RUE FROIDE, 2

1886

AVIS

Partisan sincère des grandes réformes sociales tendant au bien-être de mes concitoyens, je viens leur soumettre :

1° Extrait du journal *Le Gagne-Petit,* numéro du 14 février 1886. Rapport de M. Luzet, Luxeuil (Haute-Saône);

2° Projet et rapport adressés à M. le Président de la Chambre syndicale des spiritueux, le 5 mars dernier ;

3° Commentaires desdits rapport et projet, lesquels en rendent l'emploi facile et pratique ; projet, rapport et commentaires de l'auteur soussigné.

B.-F. LE ROUX.

LA

FRAUDE SUR LES ALCOOLS

EXTRAIT DU JOURNAL *LE GAGNE-PETIT*

Du 14 février 1886

Au moment où vient de se produire la proposition de M. Alglave sur le monopole de fabrication des alcools, au moment où les Chambres vont entamer la discussion du budget, nous croyons utile de publier la très-intéressante lettre que nous adresse un de nos abonnés.

Luxeuil, 11 février.

MONSIEUR LE DIRECTEUR,

Le journal *Le Télégraphe*, dans son numéro du 1er février courant, traite la question des alcools, notamment du monopole et de la fraude qui se fait sur les eaux-de-vie de cidre.

J'ai l'honneur de vous prier de vouloir bien m'accorder place dans votre journal pour compléter par des chiffres les dires du *Télégraphe*, en ce qui concerne les eaux-de-vie de cidre.

La récolte moyenne des cidres pendant les cinq dernières années 1880-1884 a été de 13,381,000 hectolitres.

Il y a à déduire :

1° Les quantités exportées, 11,000 hect. ;

2° Les quantités qui ont été soumises aux droits, 4,910,000 hect. ;

3° Les quantités qui ont été distillées avec déclaration, 160,000 hect.

Au total, 5,081,000 hectolitres. Il reste donc 8,300,000 hectolitres. Il ne faut pas tenir compte en effet des boissons consommées par les fermiers et leurs familles ; elles ne portent que sur les petits cidres obtenus au moyen des deuxième et troisième brassages du marc dont il a été extrait le premier jus.

Eh bien, ces 8,300,000 hectolitres de cidre passent à la chaudière dans les campagnes, et toute l'eau-de-vie de cidre ainsi obtenue est consommée en fraude.

Cette distillation porte donc :

1° Sur tout l'excédent de production de cidre qui, pour une cause ou une autre, n'a pas été vendu en nature;

2° Sur la totalité des poirés (qui n'entrent pas dans la consommation) ;

3° *Sur les petits cidres*, dont la production dépasse la consommation ;

4° Sur toutes les lies et les produits des soutirages.

Il résulte que *plus de 8,300,000* hectolitres sont transformés en eau-de-vie.

8,300,000 hectolitres, au degré alcoolique de 6°.5, donnent en alcool pur 539,500 hectolitres, qui, à la taxe de 156 fr. 25, font une somme de 84,297,000 fr.

C'est donc 84,297,000 fr. que perd l'État.

Si l'on fait un compte particulier pour la récolte 1885, qui a été particulièrement abondante (19,955,000 hectolitres), comparée à la moyenne des cinq dernières années et d'après les mêmes bases, défalcation faite de 5,081,000 hectolitres, comme il a été indiqué ci-dessus, on trouve que l'État perd pour cette seule récolte 1885, une somme de *151,064,000 fr.*

Si nous remontons à 1883, dont la récolte a été extraordinairement abondante, 23,492,000 hectolitres, et si on fait les mêmes calculs que pour une année moyenne et que pour celle de 1885, on arrive à ce résultat que les caisses publiques ont perdu pour cette *seule* année 1883, la somme de *186,986,718 fr.* (cent quatre-vingt-six millions neuf cent quatre-vingt-six mille sept cent dix-huit francs!).

Cela résulte des chiffres officiels donnés par la statistique.

J'ajoute que des négociants du pays, et bien au courant des usages locaux, affirment que la fraude *dépasse* annuellement cent millions de francs en moyenne.

***

Il y a des fermes où il existe un stock de 20 à 50 hectolitres d'eau-de-vie, ce qui représente 4,000 fr. de droits en moyenne pour une de ces fermes.

Il y a particulièrement une ferme qui, pour la dernière récolte 1885, a emmagasiné 25 à 30,000 hectolitres de pommes. Ces pommes sont vendues à un seul acheteur. Et, de plus, le cidre en provenant sera distillé en fraude. Chaque hectolitre de pommes donne 27 litres de premier cidre. D'après cette donnée, on peut calculer ce que perdra le Trésor du fait d'un seul propriétaire.

Tout fermier se trouve transformé en marchand ; il vend en gros et jusqu'à la plus petite quantité en détail.

Telle est la situation, au vu et au su de tout le monde, dans le pays à cidre. Et il est question d'une surtaxe sur l'alcool : le monopole !

M. Alglave a certainement droit aux sympathies du commerce des spiritueux, puisqu'il cherche le moyen de nous délivrer de la régie : mais bien que son projet soit l'œuvre d'un éminent professeur, il ne supporte pas l'examen. Il ne peut en effet être appliqué dans notre pays, étant données les diverses et nombreuses sources de production de l'alcool et des eaux-de-vie spéciales.

Il n'y a point d'homme pratique qui ne reconnaisse qu'entre la Russie et la France aucune comparaison ne peut être établie sur cette question.

Je vous prie d'agréer, etc.

LUZET.

P.-S. — Une personne autorisée par ses relations me dit, au dernier moment, que les trois départements de l'Orne, du Calvados et de la Manche font à eux seuls près de cent millions de fraude par an.

ABROGATION DE LA LOI DE 1816

Suppression de l'impôt sur les vins, cidres, poirés, bières, etc. — Suppression du personnel de la Régie. — Libre circulation de tous les liquides sur le territoire français.

A Monsieur le Président de la Chambre syndicale du Calvados.

MONSIEUR,

Après avoir pris connaissance du volume intitulé, *Conférences de Paul Taquet*, que vous avez bien voulu m'adresser, je viens vous soumettre mes appréciations.

En principe, j'avais songé à deux systèmes pour l'abrogation de la loi de 1816.

Le premier instituait l'impôt à la fabrication, avec le gros exercé, projet peu praticable qui ne remplirait qu'à demi le but que l'on se propose, puisqu'il s'agit d'abolir l'exercice.

Le second, auquel je me rallie et sur lequel je viens vous donner quelques indications, consisterait dans les mesures suivantes :

1° Suppression totale de l'exercice au gros, comme au détail, et libre circulation des vins, cidres, poirés, bières; en un mot, de toutes les boissons servant à l'alimentation sur tout le territoire français;

2° Impôt à la fabrication, et suppression du bouilleur de cru et de profession (1);

3° Les bouilleurs de cru et de profession seraient remplacés par le distillateur, avec faculté pour celui-ci d'échanger, au moyen d'acquits ou bulletins de circulation, d'une distillerie à une autre, ses produits pour les rectifier comme bon lui semblerait et les vendre, soit nature, soit modifiés. En un mot, dans ce système, le distillateur devient le seul fournisseur des maisons faisant le commerce de gros;

4° Le distillateur serait seul responsable vis-à-vis du Trésor, au moyen de soumissions analogues à celles employées dans l'industrie des sucres;

5° Des soumissions avec caution, solvable ou à défaut inscription sur immeubles, seraient accordées aux négociants actuels pour le paiement des droits, avec délais déterminés en raison de leurs charges;

6° L'impôt serait perçu à la douane pour tout ce qui viendrait des colonies françaises, et une

(1) Voir ci-après commentaire (art. 2).

surtaxe établie sur tous les alcools de provenance étrangère;

7° Suppression de toutes les licences concernant le commerce des spiritueux et boissons quelconques ;

8° Augmentation des patentes, qui seraient portées au double pour tous les marchands de vins, cidres, poirés, bières, liqueurs, alcools, etc. ; et, s'il y avait lieu, appliquer cette patente en raison de l'importance commerciale de chaque établissement, conformément à l'appréciation d'une commission de plusieurs membres nommés à cet effet, surtaxe qui profiterait au budget départemental et au budget communal ;

9° Remise de l'impôt pour tout ce qui serait destiné à l'exportation ;

10° Alcools dénaturés servant à l'industrie. Taxe spéciale ;

11° Taxe onéreuse sur les vins, bières, boissons alimentaires de provenance étrangère et perçue à la douane (cette taxe ne pourrait influer sur le commerce des vins, lors même que les puissances étrangères viendraient à les frapper d'une taxe équivalente à la nôtre, nos vins français ayant une réputation bien acquise dans le monde entier) ;

12° Conséquences des notes ci-dessus, suppression à peu près totale de l'exercice. Il n'y aurait besoin d'employés qu'à la douane et dans les distilleries, et encore, pour ces derniers, ils pourraient probablement être remplacés par des compteurs ;

13° Des peines sévères pourraient être édictées contre tous ceux qui se livreraient à la fraude, soit par dissimulation, soit de toute autre manière ;

14° Serait passible de la même peine tout détenteur d'alambics non revêtus du poinçon de l'État, et un impôt pourrait même être appliqué sur lesdits appareils.

Prenant donc pour base la taxe employée en Hollande, pays un des moins imposés en Europe, vous trouverez, d'après les évaluations de la consommation en France, une somme plus que suffisante pour subvenir au budget, en y ajoutant toutefois le produit des patentes. Cette augmentation de droits, en tenant compte des crises vinicoles que nous traversons, et qui nous forcent à l'emploi des alcools d'industrie, est vraiment minime ; elle n'augmentera réellement que de quarante à quarante-cinq centimes par litre les eaux-de-vie livrées journellement au consommateur et n'influera en rien sur le commerce des liquides. Que le consommateur paie une surtaxe sur ce produit, il ne changera pas pour cela ses habitudes, et, en revanche, il bénéficiera de la franchise sur toutes les autres boissons.

D'après la statistique que j'ai sous les yeux, il faut, pour équilibrer le budget, au chapitre des contributions indirectes, la somme de 393,000,000 fr.

1° La consommation de l'alcool, en France, était, en 1880, de 1,313,000 hectolitres, à 240 fr., ce qui donne.	315,120,000 fr.
2° Évaluation de la fraude suivant enquête, 500,000 hectolitres, réduite aux 3/5, soit 300,000 hectolitres à 240 fr. .	72,000,000
3° Produit des patentes doublées, évaluées de 8 à 10 millions, soit.	8,000,000
Total.	395,120,000
A déduire équilibre du budget	393,000,000
Reste en plus-value. . . .	2,120,000

Cet excédent, avec le bénéfice de la suppression du personnel, le produit de la taxe d'entrée sur les boissons de provenance étrangère, et, au besoin, l'impôt sur les appareils de distillation, permettrait largement à l'État d'avancer les retraites, de désintéresser les employés mis en disponibilité, et fournirait les éléments nécessaires au rachat des alambics des bouilleurs de cru et autres, sauf bien entendu à opérer une réduction des patentes aussitôt que la situation rendrait un dégrèvement possible.

De cette façon, les bouilleurs et les employés étant indemnisés, nul n'aurait à se plaindre des modifications apportées; le projet de la loi serait conforme à l'équité, ne donnant aucun privilège au propriétaire récoltant d'une contrée à une autre, n'atteignant que le produit de fantaisie et non les produits alimentaires, évitant les procès pour les déclarations erronées et les fréquentes contestations avec le personnel de la régie; il éviterait également les ennuis de se rendre à chaque instant dans une recette buraliste pour se munir d'une expédition; il n'entraîne aucune mesure vexatoire; il satisfait entièrement le distillateur; il donne la faculté aux récoltants de transporter leurs produits où bon leur semble, sans être sujets à aucune formalité; il procure une amélioration sensible à la classe ouvrière; en un mot, il ne fait que frapper le fraudeur dans la personne du bouilleur de cru; il donne satisfaction à tous les intérêts et permettra à l'État, dans un avenir prochain, tout en ralliant un grand nombre de partisans au régime actuel, de réaliser des bénéfices considérables; car, n'étant plus exposé à des vexations incessantes, le commerce des spiritueux ne pourra que grandir et prospérer.

Dans l'espoir que mes appréciations recevront un accueil favorable de la part de mes collègues et que nos législateurs y trouveront les éléments pour abolir la loi inquisitoriale à laquelle nous sommes soumis, je vous prie d'agréer, Monsieur le Président, l'hommage de mon plus profond respect.

B.-F. LE ROUX,

Négociant en vins et spiritueux,
à Lingèvres (Calvados).

Lingèvres, 2 mars 1886.

Nota. — D'après la lettre publiée par le journal *Le Gagne-Petit* (numéro du 14 février 1886), reproduite plus haut, il résulterait des informations de M. Luzet, de Luxeuil, que la quantité d'alcool produit de l'eau-de-vie de cidre, vendue pour la presque totalité en fraude, serait de 539,000 hectolitres d'alcool pur à 240 fr., donnant 139,480,000 fr., au lieu de 72,000,000 consignés dans mon rapport.

Nous trouvons donc, en prenant en considération l'indication de ces chiffres, une plus-value de près de cinquante millions acquise à l'État, tout en écartant les autres fraudes dont M. Luzet ne parle pas.

ABROGATION DE LA LOI DE 1816.

Commentaires et déductions extraites des rapport et projet adressés, le 5 mars 1886, à M. le Président de la Chambre syndicale des spiritueux du Calvados.

ART. 1er. — L'abolition de l'impôt et la libre circulation auront pour effet d'améliorer sensiblement le sort de la classe ouvrière. Les produits alimentaires ne doivent pas être imposés. L'on doit envisager cette réforme comme l'une des plus grandes de notre société moderne, réforme qui, à n'en pas douter, donnera une extension considérable au commerce français et profitera largement à l'agriculture en facilitant l'écoulement de ses produits.

ART. 2. — La suppression du bouilleur de cru et de profession n'est pas une mesure vexatoire *(j'entends exclusivement par bouilleur de profession les détenteurs d'alambics qui se transportent d'un lieu à un autre).* On n'attaque pas le produit primitif : on annule la fraude dans tous ses éléments. Rien de plus équi-

2

table. Le propriétaire du nord de la France n'a pas le droit de transformer le produit de ses betteraves en alcool. Pourquoi donc les récoltants du midi, de l'est, du centre, de l'ouest auraient-ils un privilège? Ces derniers peuvent se gorger d'alcool, vendre leurs produits clandestinement au détriment des négociants patentés, tandis que le récoltant du nord, l'ouvrier, l'artisan, le bourgeois, en un mot tous les consommateurs, paient l'impôt. C'est une inégalité devant la loi; l'agriculture ne doit pas empiéter sur le commerce.

Le rachat de tous les alambics par l'État serait chose facile ; les détenteurs de ces appareils sont connus et l'indemnité accordée aux bouilleurs résoudrait complètement la question sur ce point ; nul d'entre eux n'aurait le droit de se plaindre.

L'application de l'exercice au bouilleur de cru, supprimée en 1875 sur les instances de l'honorable M. Boscher, sénateur, n'est nullement praticable. Il n'est pas possible aux employés, chargés déjà d'une grande surveillance, de se rendre en dehors de leurs fonctions, et cela souvent le même jour, dans cinquante et même cent endroits différents, pour opérer la prise en charge chez les récoltants ; il faudrait un personnel dix fois plus important ; encore serait-il impuissant à combattre la fraude. J'en appelle aux agents des contributions eux-mêmes.

Art. 3. — De cet article découle forcément la création de distilleries dans les contrées non pourvues de ces établissements, qui, dans les pays de vins et de cidres, sont nommés bouilleurs de profession par le service administratif. C'est là que les cultivateurs et vignerons vendraient leurs récoltes. — Création qui ne pourrait avoir lieu sans autorisation préalable et entraînerait les mêmes règlements que pour les distillateurs de trois-six d'industrie.

La faculté donnée aux distillateurs d'échanger d'une distillerie à une autre au moyen de bulletins de circulation, leur permettrait de rectifier des produits mélangés et d'utiliser en tous temps les lies de vin, de cidre, de poiré, qu'ils pourraient également acheter des agriculteurs ; ce serait une compensation accordée aux fabricants, seuls responsables vis-à-vis du Trésor et soumis à l'exercice.

Les commerçants apprécieraient les marchandises qui leur seraient vendues ; la fabrication ainsi comprise serait moins coûteuse, et il en résulterait une diminution de prix qui ne pourrait que faciliter les transactions commerciales.

Art. 4. — Les soumissions peuvent-elles être accordées ? Cela ne doit faire aucun doute. Les fabricants de sucre jouissent depuis longtemps de ce privilège. La caution serait exigée du distillateur, une déduction accordée pour ses déchets et un service d'employés en permanence attaché aux distilleries.

Art. 5. — La caution solvable n'est qu'un maintien provisoire de l'ancienne loi, puisqu'elle existe actuellement chez tous les marchands en gros, voire chez les débitants dont les prises en charge excèdent dix hectolitres d'alcool ; l'inscription sur immeubles ne serait donc qu'une faveur accordée aux négociants qui pourraient la fournir, et aussitôt l'État remboursé desdites prises en charge constatées chez les commerçants au moment de l'application de la loi, ces dispositions n'auraient plus lieu d'être, toute la responsabilité retombant sur les distillateurs.

Art. 6. — Alcools étrangers : l'impôt perçu à la douane ne peut rencontrer de difficultés avec un personnel intelligent, apte à l'appliquer, ce qui ne nous fait point défaut. La surtaxe sur tous ces alcools en empêcherait l'importation ; on pourrait exiger un certificat d'origine pour ceux provenant de nos colonies, lesquels seraient soumis à un contrôle conforme à nos règlements. De cette façon, les rhums anglais et les alcools de n'importe quelle puissance ne pourraient échapper à la surtaxe.

Art. 7. — La suppression des licences est une conséquence de la suppression de la régie. Les licences peuvent être avantageusement remplacées par une augmentation des patentes qui rentrent dans la catégorie des contributions directes. La licence peut seule être appliquée aux distilleries, celles-ci restant sous l'empire de la surveillance.

Art. 8. — L'augmentation des patentes ne change pas beaucoup la situation du commerçant, puisqu'on supprime la licence. Elle pourrait être appliquée par une Commission composée du contrôleur, d'un percepteur, des notables commerçants désignés par le préfet de chaque département, et serait basée soit sur l'importance de chaque établissement en matière d'immeubles, soit sur le chiffre d'affaires présumé, soit sur le chiffre de la population. sauf à la répartition à apprécier pour ceux qui habitent des localités moins importantes et qui néanmoins opèrent sur une grande échelle.

Art. 9. — La remise de l'impôt pour l'exportation est de toute nécessité pour l'écoulement de nos produits et la prospérité de notre commerce à l'étranger.

Art. 10. — Alcools dénaturés. L'application d'une taxe spéciale s'impose ici; lesdits alcools sont une ressource très-grande pour l'industrie.

La dénaturation faite de façon à ne pas craindre de nouvelles rectifications; je serais même partisan de la suppression de tout impôt, ce qui mettrait nos industriels à même de soutenir la concurrence étrangère et incontestablement favoriserait l'exportation des produits qui en nécessitent l'emploi.

Art. 11. — La taxe onéreuse sur les boissons importées est une mesure capitale facile à mettre à exécution à la douane. Cette taxe devrait être basée sur le degré alcoolique, et au moins épuivalente à celle appliquée sur les alcools de provenance étrangère; de cette façon, l'on empêcherait l'introduction journalière frauduleuse desdits alcools, qui entrent constamment sous des dénominations quelconques sur notre territoire, soit dans les vins, soit dans les bières, fraudes qui causent un préjudice considérable au commerce et au Trésor, puisqu'actuellement ces produits paient un impôt dérisoire, nullement en rapport même avec les droits actuels.

On dira que ce système est contraire au libre échange. Tel n'est point le but. Il s'agit simplement de réprimer la fraude. Toute réforme présente quelque lacune.

Avons-nous besoin de vins alcoolisés ? les nôtres ne suffisent-ils pas ? employons donc nos alcools d'industrie, ils rendront le même service ; nous favoriserons ainsi la production française au détriment de l'étranger qui nous fait une concurrence acharnée dans tous les pays du globe.

On réclame la loi sur le vinage ; accordons au vigneron, même au récoltant du cidre une réduction sur nos alcools d'industrie, pour leur permettre, soit de viner leurs vins, soit d'alcooliser leurs cidres, au grand avantage du budget.

Art. 12. — La suppression de la régie est la suppression de l'inquisition. En effet, le mot n'est-il pas applicable lorsque sous le coup, soit d'un soupçon, d'une fausse dénomination, d'un caprice même, vous êtes exposé à chaque instant à ce que l'on aille fouiller dans les plus petits recoins de votre ménage ; lorsque, pour négligence, formalité non remplie, oubli d'expédition, déclaration erronée, faits involontaires, le messager, l'expéditeur, le destinataire, entendent continuellement résonner le mot procès ? Cette suppression serait une grande amélioration de notre législation actuelle.

La plupart des employés pourraient être attachés comme comptables-surveillants, inspecteurs à la douane ; l'application du projet devant entraîner forcément un personnel plus nombreux. On trouverait là des gens capables de vérifier strictement les boissons importées pour les frapper de la taxe et de la surtaxe appliquées à ces produits.

Une autre partie aurait la surveillance permanente des distilleries, l'usage des compteurs n'étant pas, à mon avis, très-praticable, bien que mon projet en fasse mention.

La dernière portion dont la retraite serait proche pourrait être mise en disponibilité et indemnisée.

Avec cette combinaison, le personnel recevrait complète satisfaction.

Art. 13. — Répression. Tout maire, adjoint de commune, officier ministériel, comptable, gendarme, douanier, garde forestier, garde champêtre, cantonnier, facteur rural, débitant de tabac, en un mot, tout individu salarié du département ou de l'État, qui aurait connaissance d'une distillerie clandestine ou d'actes de fraude quelconques, serait tenu d'en faire la déclaration immédiate, soit à la mairie, soit à la sous-préfecture ou à la préfecture de son domicile, sous peine d'être révoqué de ses fonctions.

Le maire ou l'adjoint d'une commune, qui aurait reçu une déclaration reconnue sincère et ne l'aurait pas transmise aussitôt à l'autorité supérieure, pourrait, en plus de la révocation, être condamné à une amende.

Une prime pourrait être accordée à tout contribuable, ainsi qu'à tout agent, pour avoir signalé un appareil de distillation, une distillerie non autorisée, et tous actes frauduleux au détriment du Trésor.

Art. 14. — L'impôt sur les appareils, leur poinçonnage, sont des mesures ne pouvant produire que de bons résultats. Pourquoi les fabricants desdits appareils n'y seraient-ils pas soumis? ceux des poids et mesures sont bien obligés de s'y conformer, et les contribuables de payer la vérification de leurs instruments.

Comme conclusion définitive, j'ajoute que la libre circulation des vins, cidres, bières, alcools, produits de l'agriculture et de l'industrie, sera le grand moteur commercial, la prospérité du cultivateur, du commerçant, de l'industriel, et qu'une loi basée sur ces principes fera la gloire de nos législateurs et du ministère qui en réalisera l'application.

B.-F. Le Roux.

Lingèvres, le mars 1886.

Caen, Imp. Henri Delesques.

www.ingramcontent.com/pod-product-compliance
Ingram Content Group UK Ltd.
Pitfield, Milton Keynes, MK11 3LW, UK
UKHW012131240726
13965UKWH00005B/2100

9 782013 037525